OPINION DE LA PRESSE

LA
BELLE BOURBONNAISE

OPÉRA-COMIQUE EN TROIS ACTES

Par Ernest Dubreuil & Henri Chabrillat

MUSIQUE DE A. CŒDÈS

PARIS
IMPRIMERIE ET LIBRAIRIE JULES BOYER ET Cᵢᴱ
11, RUE NEUVE-SAINT-AUGUSTIN, 11

1874

LA BELLE BOURBONNAISE

PAR

E. DUBREUIL, H. CHABRILLAT ET CŒDÈS

LE SOIR

M. Cantin devra bientôt une jolie chandelle au jeune et sympathique compositeur Cœdès, qui, pour la première fois, a abordé la scène avec un ouvrage important.

L'essai a pleinement réussi, car le nombreux public qui assistait à la première de la *Belle Bourbonnaise* n'a pas épargné ses bravos et ses *bis*, et la claque devenait inutile. La partition de M. Cœdès est remplie de mélodies ravissantes, auxquelles on pourrait peut-être, par-ci par-là, reprocher trop peu d'originalité ; mais la musique est scénique, toujours d'accord avec la situation, et elle sait être bouffonne à propos, élégante quand il le faut, et même tendre et sensible, quand cela devient nécessaire.

Dès le premier acte, la partie était gagnée pour M. Cœdès. Presque toutes les pages de cette partition sont fort heureuses ; par exemple, la ronde du cocher, le quatuor plein de rondeur et d'entrain des parents de Manon, les couplets classiques de la *Belle Bourbonnaise*, très-bien arrangés et encadrés, et enfin un chœur très-mouvementé.

Au second acte, le public a très-justement accordé les honneurs du BIS à des couplets sur un mouvement très-gracieux de valse : *La Dubarry sautera*. D'autres couplets : *Saute, Praslin!* ont été également redemandés.

Le troisième acte, sans valoir le premier, n'est cependant pas sans mérite. Il contient un morceau qui est un vrai bijou dans son genre, c'est le quintetto *On en rira*. Il a été bissé.

LA GAZETTE DES ÉTRANGERS

Avant tout, qu'il me soit permis d'adresser à la direction des Folies-Dramatiques mes félicitations les plus chaudes ; en montant la pièce de MM. Cœdès, Dubreuil et Chabrillat, elle a apporté sa pierre à l'édifice que le bon goût et le sentiment artistique réclament impérieusement.

***

Les auteurs du poème méritent une mention aussi honorable que possible. Ils ont osé écrire trois actes sans cascades ni grossières farces.

C'est donc un succès que je me plais à constater.

M. Cœdès, inspiré, comme les paroliers et la direction, de ce louable désir de collaborer à une œuvre artistique, a écrit rapidement une partition touffue, qui ressemble peu aux flonflons qui séduisent tant et si bien la foule. Les lacunes de certaines parties de sa musique découlent, sans aucun doute, du manque de temps.

La preuve en est dans le respectable nombre de morceaux applaudis et bissés.

Au premier acte, la chanson frondeuse : *La Dubarry, tu danseras, tu sauteras*, est plein d'entrain. Un joli duo suit cette heureuse inspiration et les couplets inévitables de *la Belle Bourbonnaise* sont aussi aimablement pensés et écrits. Le morceau le mieux réussi de cet acte est un chœur traité avec beaucoup de talent et dans la forme de la « kermesse » de *Faust*. On l'a applaudi à tout rompre.

C'était justice.

Au deuxième acte, il faut citer un menuet

coquet, d'une sonorité grande et d'une suffisante originalité.

**

Je passe au troisième acte, qui contient, parmi de fort jolies choses, des couplets : *Ah! ah! quand on saura cela, comme on en rira!* alternativement chantés par cinq personnages. Leur style est exquis, leur idée spirituelle et franchement gaie. C'est une des plus piquantes et des plus originales idées de la partition.

La musique de M. Cœdès a un caractère très-accusé de distinction. On y trouve la preuve de qualités musicales grandes et d'une connaissance réelle de la science orchestrale.

R. DE SAINT-ARROMAN.

LE CONSTITUTIONNEL

Quiproquos sur quiproquos, voilà en quoi se résume le poème. Il a les allures de l'ancien opéra-comique. Ce n'est point de la comédie, ce n'est pas non plus du vaudeville, on dirait du Favart corsé. En somme *la Belle Bourbonnaise* bravera, dans une très-honorable proportion, le périlleux honneur d'avoir immédiatement succédé à *la Fille de Madame Angot*.

L'orchestre et les chœurs sont très-satisfaisants ; la mise en scène est soignée. On remarque, au second acte, un charmant menuet, dansé, chanté et costumé avec goût.

Hippolyte HOSTEIN.

L'ASSEMBLÉE NATIONALE

La première condition pour réussir était, pour le directeur, les auteurs et le musicien, de ne pas aller sur les brisées de la fameuse *Fille de Madame Angot* à la longévité phénoménale. Il fallait, avant tout, changer de genre, et c'est ce qu'on a fait. Revenir avec l'opérette, c'eût été aussi maladroit que dangereux ; les auteurs du livret ont eu le bon esprit de donner au compositeur un véritable opéra-comique, et qui aurait pu tout aussi bien être joué à la salle Favart, un opéra-comique Louis XV avec poudre et talons rouges, dont le personnage principal est Mme Dubarry !

Je vous laisse à penser si l'intrigue s'enchevêtre et se complique. Habilement nouée, elle est aisément dénouée. Le dialogue est bien mené ; de forts jolis mots le paillètent, et la comédie court ainsi le long de ses trois actes, n'oubliant jamais qu'elle doit aussi, et surtout, servir de canevas à l'œuvre du musicien.

M. Cœdès avait donc à écrire un opéra-comique, sans cependant perdre de vue la scène pour laquelle il l'écrivait. Aussi a-t-il eu soin d'ajouter des grelots à sa musique, de lui donner une allure plus leste, plus vive, de la faire plus franchement amusante que s'il avait dû la composer pour le théâtre de la place Boïeldieu. Quelques lignes de rapide analyse vont vous en donner une idée. L'ouverture débute par une jolie phrase mélodique, large et élégante qui, après s'être gracieusement déroulée, aboutit au babil de tous les instruments, cordes et cuivres ; puis l'orchestre affecte un petit air grave et solennel, — n'oublions pas que nous allons coudoyer la favorite du roi Louis XV, — et finit presque en marche, attendu qu'il y a dans la pièce l'élément militaire, représenté par le sergent Brindamour à la recherche d'un fifre.

C'est de celle-ci que je vais m'occuper plus particulièrement, pour répondre au titre de *Revue musicale* mis en tête de ces lignes. Pour raconter la *pièce*, ou en donner l'analyse, je n'aurais pas assez de toute une colonne, et l'espace m'est mesuré, surtout le lendemain d'une première représentation. Faire vite vaut mieux que faire long. Quant aux auteurs du poème, je me borne à les féliciter. Le public, d'ailleurs, quand on est venu lui dire les noms de MM. Dubreuil et Chabrillat, les a vivement applaudis.

En tout, quatre morceaux *bissés*, d'autres franchement applaudis ; il n'en faut pas plus pour le succès.

LE SIÈCLE

La musique nouvelle n'a été cette semaine ni à l'Opéra, ni à l'Opéra-Comique, ni aux Italiens, mais au Châtelet, nous l'avons vu, et aux Folies-Dramatiques.

Ce dernier et très-heureux petit théâtre a donné, hier samedi, la première représentation d'un véritable opéra-comique de genre, en trois actes, qui nous paraît destiné à un succès de cent représentations, au moins.

Ce qu'il faut louer dans ces trois petits actes, c'est qu'ils intéressent par la conduite du sujet et égayent par des mots spirituels, nés de l'observation des caractères. Le monologue de Milher au premier acte en est pétri, et l'aphorisme suivant a considérablement égayé les dames à poudre de riz et leurs galants crevés, qui en ont reconnu la parfaite justesse.

« On a des principes ou l'on n'en a pas, dit Milher ; le plus souvent on n'en a pas. »

La musique que M. Cœdès a écrite sur ce canevas est de la bonne musique de petit opéra-comique, qui n'a rien de commun avec les cascades écœurantes de l'opérette débraillée. Elle est distinguée, quoique toujours franchement mélodique, et de bonne humeur sans exagération. L'orchestre est traité d'une main légère et sûre. Il offre d'intéressants dessins et une harmonie colorée de bon goût. Bref, c'est une charmante partition, qui gagnera d'autant plus dans la faveur publique qu'on l'entendra plus souvent. Les morceaux les plus applaudis ont été, au premier acte, les couplets chantés par le tenorino Raoult, *la Dubarry la dansera, la sautera*, qu'on a fait répéter ; un chœur divisé en quatre groupes, — de militaires, — d'ouvriers, — de femmes, — de vieillards, — comme dans *Faust*, et qui chantent d'abord séparément pour se réunir dans une péroraison du plus brillant effet. C'est une véritable trouvaille que ce chœur multiple, comme forme, comme mélodie et comme accompagnement. Toute la salle a crié *bis*. Le second acte est moins saillant, mais il n'est pas moins bien traité par le musicien, qui devait suivre et seconder l'action des auteurs. Le troisième acte renferme un quintette, qui suffirait seul au succès de cette partie de l'ouvrage. Oscar Comettant.

LA FRANCE

La musique de M. Cœdès a jeté sur tout le livret son originalité et son éclat. Nous citerons à la hâte, dans le premier acte, le chœur à quatre parties, que l'on a fait bisser, et les couplets chantés en pleurant par la belle Bourbonnaise, couplets bissés également, et que Mlle Desclauzas a merveilleusement enlevés. Citons aussi le charmant petit chœur de soldats, chanté en sourdine au milieu du bruit des petits bancs, dès le lever du rideau.

Au second acte on a fait bisser, et l'on eût volontiers fait recommencer une troisième fois encore les couplets du petit abbé :

Madame Dubarry, tu sauteras.

La musique en est spirituelle, vive, mnémonique, et tout le monde la fredonnait en sortant. Dans cet acte, le menuet et la valse en duo de la fin méritent encore d'être cités.

Au troisième, enfin, un très-joli trio, ponctué par les éclats de rire de la Dubarry, et que l'on a fait également bisser, le chœur des exilés,

Victimes de la politique...

ainsi qu'une ronde pleine de gaieté et d'entrain complètent cette jolie partition, dont bien des détails nous échappent, mais qui méritent largement les applaudissements dont on a salué le nom de son auteur.

La Belle Bourbonnaise a été très-bien accueillie, et nous en sommes d'autant plus heureux, que ce nouveau succès des Folies-Dramatiques, obtenu comme le précédent avec un ouvrage qui se rapproche de l'opéra-comique, contribuera peut-être à faire abandonner sans retour cette opérette bouffe où l'on n'exigeait pour l'esprit que des calembours, et pour la musique que des flonflons.

Mlle Desclauzas, charmante en Manon comme en comtesse, a été pour beaucoup dans le succès. Il est impossible de détailler plus finement qu'elle l'a fait les sanglots chantés du premier acte, la lettre du second et les éclats de rire vocalisés du troisième. Elle a été fort bien secondée par M. Milher, très-amusant et très-original, comme toujours, dans le rôle d'un vieil agent silencieux. M. Raoult est également très-bien en abbé.

Il faudrait citer bien du monde, pour en citer assez. La troupe des Folies s'est montrée pleine d'ensemble. Les chœurs ont été généralement bien chantés. Rien de joyeux à voir comme la famille de Manon. Il y a là une grosse fille, la fausse Bourbonnaise, que Mlle Tassilly joue d'une façon bien amusante.

LE SOLEIL

Aux Folies-Dramatiques, la place était difficile à prendre après *la Fille de Madame Angot*. M. Cœdès me semble pourtant l'avoir conquise d'emblée. Sans une claque maladroite, qui irritait et fatiguait la salle, le succès eût été bien plus grand encore. Est-ce à dire que *la Belle Bourbonnaise* doive arriver à la popularité de carrefour de la précédente partition ? J'en doute. Elle est un peu trop distinguée pour cela. Cet ouvrage est un opéra-comique, et un opéra-comique très-élégant et très-fin. N'est-ce pas curieux ? Tandis qu'à la salle Favart on n'écrit plus que de la musique d'opéra, tandis qu'on y joue même des oratorios, voici ce genre de l'opéra-comique, qu'on croyait bel et bien mort, qui va se faire applaudir et acclamer sur la scène de Mlle Blanche d'Antigny, entre ces murs témoins des succès de *l'Œil crevé* et de *Chilpéric*, sans parler de *la Tour du Chien vert*. Cette tendance, indiquée dans *la Fille de Madame Angot*, est bien plus accusée encore dans *la Belle Bourbonnaise*.

Je ne raconterai pas le scénario en détail. La pièce est amusante et dûment assaisonnée d'esprit.

Arrivons à la partition. J'ai dit sa distinction et sa finesse. Ce qu'il faut ajouter, c'est qu'elle est pleine de clarté et d'aisance : rien de tourmenté, rien d'obscur ; c'est de la vraie musique française. Les chœurs y sont particulièrement agréables. J'en pourrais citer un assez bon nombre ; je mentionnerai les trois plus remarquables : au premier acte, c'est un quadruple chœur, taillé sur le patron de la kermesse de *Faust*, et chanté alternativement, puis simultanément, par des gardes-françaises, des ouvriers, des grisettes et des marchands : c'est une page écrite avec art et d'un effet entraînant ; au second, c'est le chœur des *Bergers trumeaux*, un ravissant pastel en musique ; et au troisième, celui des *Conspirateurs exilés*, une bien fine page encore, où les soupirs et les regrets s'exhalent avec cette légèreté inséparable de tous les sentiments au dix-huitième siècle. Dans ces trois morceaux, l'idée mélodique est charmante.

Pour le reste, citons les couplets de *la Belle Bourbonnaise*, si joliment terminés par des pleurs et si parfaitement dits par Mlle Desclauzas ; tout le second acte, un pastiche Louis XV excellent, avec la *Marche* qui sert de lever de rideau et d'entrée à la Dubarry ; le joli chœur du début ; les couplets originaux : *Madame Dubarry, tu tomberas* ; le quintette des *Mouches* ; la *Marche des gardes-françaises* ; la romance de Blaise, le délicieux petit menuet classique ; le récit galopant de l'abbé, d'une couleur si pittoresque ; les couplets de l'orange : *Saute, Choiseul! saute, Praslin!* cependant moins originaux que le reste ; et le finale, comprenant une très-jolie valse. Au troisième acte, outre le chœur des exilés, que j'ai relevé, il faut mentionner la quintette *On en rira*, qui est un vrai bijou.

La Belle Bourbonnaise vaudra un grand succès à Mlle Desclauzas, qui s'y montre tout à fait originale et fine comédienne, Milher et Sainte-Foy y sont aussi bien amusants. Il faut signaler encore Mlle Tassilly, avec sa bonne grosse gaieté, et M. Raoult, à qui l'on a fait bisser deux morceaux. La mise en scène est d'un goût parfait. JULES GUILLEMOT.

LA PATRIE

MM. Dubreuil et Chabrillat ont donné au musicien un vrai livret, une comédie fort amusante, dont l'intrigue est bâtie sur la ressemblance de Manon, la belle Bourbonnaise, avec la comtesse Dubarry. Un jeune abbé, M. de Camerlet, voudrait perdre la favorite et essaie de la remplacer auprès du roi par Manon, la paysanne, aussi jolie qu'elle, mais qui a en plus tous les avantages d'une novice ; d'autre part, certain baron de Catignac, qui a eu le malheur de déplaire à la comtesse pour avoir écrasé son perroquet, veut rentrer en grâce ; il sait que la Dubarry, instruite du complot, veut s'emparer, coûte que coûte, de la belle Bourbonnaise et il fait le pied de grue pour guetter l'arrivée du cocher qui doit l'amener à Paris. Mais il se trompe, il prend la cousine Billette pour Manon, tandis que Grison, un étrange personnage moitié diplomate, moitié policier, met la main sur la vraie Manon.

Je renonce à vous raconter tous les quiproquos qui résultent de ce brelan de dames, Billette, Manon et la Dubarry, et surtout de la ressemblance entre ces deux dernières. Je vous dirai seulement que la comédie est fort bien menée, qu'elle est émaillée de *mots*, enfin qu'elle offre au compositeur force sujets et force prétextes à toutes sortes de broderies musicales.

M. Cœdès en a-t-il profité ? Oui ; je puis louer sans restriction des pages vraiment charmantes : le premier acte presque tout entier, à commencer par l'ouverture ; et surtout un quadruple chœur de gardes-françaises, de bourgeois, de maraîchères et de paysans. Il a été redemandé par la salle tout entière ; — puis des couplets d'une finesse et d'un piquant de véritable opéra-comique, et du meilleur, chantés par le ténor (M. Raoult) et repris par le chœur, au refrain : *Tu tomberas, tu sauteras* ; enfin, au troisième acte, d'autres couplets, ceux de la Dubarry cette fois, agencés en trio ou plutôt en quintette, et gracieusement orchestrés. Ces deux morceaux aussi ont été bissés ; ce qui fait qu'à chaque acte on en a redemandé un, et au troisième deux. — Et c'était le public qui criait *bis*, non pas la *claque*. Quand c'était la claque, on n'y faisait guère attention.

Les honneurs de la soirée ont été pour le jeune ténor, M. Raoult, qui remplissait le rôle de l'abbé de Camerlet, et pour Mme Desclauzas, qui fait le double personnage, Manon et la Dubarry, — ce qui n'empêche pas que MM. Sainte-Foy et Luco ont bien contribué au succès, et que Mme Tassilly a fait du rôle de Billette une charmante création. Quant à Milher, il n'a jamais été meilleur comédien. — La mise en scène est celle qu'on fait aux opéras-comiques de bon goût et de bon aloi. M. Cantin ne l'a pas marchandée à la *Belle Bourbonnaise*, et il a eu raison.

F. DE THÉMINES.

LE MESSAGER DE PARIS

Le livret de MM. Dubreuil et Chabriat renferme plusieurs scènes fort amusantes, et le dialogue est émaillé de mots drôles.

La musique de M. Cœdès, sans briller toujours par une extrême originalité, est facile et généralement bien faite. Au premier acte on a fort applaudi un chœur, dont l'idée première n'est peut-être pas tout à fait neuve, mais qui est largement traité. Nous avons remarqué aussi la romance de Manette, *Blaise n'est-il pas là ?* dont la dernière phrase, finissant sur un sanglot, contraste heureusement avec les éclats de rire du chœur.

Au second acte, le grand succès a été pour les couplets *Madame Dubarry, tu tomberas*, admirablement dits par M. Raoult, un transfuge de l'Opéra-Comique. Nous citerons enfin le chœur du ballet Watteau et un joli trio.

Le troisième acte renferme un ravissant quintette, avec les couplets de la Dubarry : *On rira*, et un duo entre Manette et son fiancé.
Eugène Tassin.

LA PETITE PRESSE

Quant à la partition, elle est presque toujours agréable. Mais l'agrément n'est pas une petite chose, en musique. Quand il s'agit d'entendre trois grands actes remplis de duos, de trios, de quatuors, de quintettes et même de septuors, on aime bien être mis à son aise par un auteur qui sache, autant que possible, sa science et sa profondeur.

Quelques morceaux de *la Belle Bourbonnaise* ont même été remarqués et très-applaudis, entre autres le chœur final du premier acte, le double quatuor de bergers Watteau au deuxième, et les couplets de la Dubarry au troisième.

LA FRONDE

La Belle Bourbonnaise, de MM. Ernest Dubreuil et Chabrillat, musique de M. Cœdès, est un ravissant opéra-comique en trois actes. L'accueil fait par le public à cette pièce prouve que le genre bouffon a fait son temps. Nous prédisons à MM. Dubreuil, Chabrillat et Cœdès un succès au moins égal à celui de *la Fille de Madame Ango*, c'est-à-dire que dans deux ans on jouera encore *la Belle Bourbonnaise*. A cette époque, M. Cantin sera certainement milliardaire !
Lucien d'Hura.

L'ORDRE

Les principaux morceaux, fort réussis et fort applaudis, de la partition de M. Cœdès sont : au premier acte, le chœur d'entrée, malheureusement trop court, de deux patrouilles ; la ronde du cocher, la chanson de la *Belle Bourbonnaise*, arrangée fort ingénieusement, et le chœur final très-largement écrit.

Au second acte, dans un rôle d'abbé de cour, un ténorino, du nom de Raoult, — et qui, par parenthèse, ressemble à Coquelin, bouche comprise, — a finement détaillé des couplets fort vifs dont le refrain :

Madame Dubarry, tu sauteras...

débute par une gamme chromatique du plus gracieux effet. On les a bissés avec raison, mais Coquelin-Raoult a eu le tort de prendre pour lui les trois quarts de cette ovation qui s'adressait en grande partie au musicien.

Le troisième acte est d'une teinte musicale uniforme et douce d'où jaillit en rires notés et perlés la chanson de la Dubarry : *On en rira*, qui se termine en quintette.
Leguevel de la Combe.

L'ÉCHO DU COMMERCE

Nous sommes heureux d'avoir à constater que *la Belle Bourbonnaise* a pleinement réussi. Nous croyons, en effet, qu'il faut applaudir à cette résolution, prise par M. Cantin, de chercher le succès en se rapprochant le plus possible du genre de l'ancien opéra-comique français, que les excentricités bêtes et le trivial dévergondage de l'opérette-bouffe semblaient avoir presque fait oublier. La *Fille de Mme Angot*, — et c'était là, à nos yeux, un de ses plus grands mérites, — était un pas résolûment fait dans cette voie, où la *Belle Bourbonnaise* s'est aussi engagée, adoptant franchement le titre d'opéra-comique, et, qui mieux est, en le justifiant. Autre éloge à faire, comme conséquence du premier, déjà beaucoup de personnes assez prudes avaient pu assister, sans en être offusquées, aux représentations de la *Fille de Mme Angot*, et cela même en province, où l'on est plus rigoriste qu'à Paris. Eh bien ! la *Belle Bourbonnaise* est encore, dans cet ordre d'idées, un progrès sur l'œuvre dont elle vient de prendre la succession. Il est vrai, d'ailleurs, que, cette fois, les auteurs ont mis à la scène des seigneurs et des dames de cour, au lieu de faire parler des marchandes et des forts de la halle.

La musique est de M. Cœdès, déjà connu très-avantageusement par de nombreuses compositions. Sa partition est spirituelle et pleine de verve ; nous serions fort surpris si quelques-uns de ses refrains ne devenaient pas rapidement populaires. Les couplets que chante M. Raoult, par exemple, ont été bissés avec enthousiasme :

Il faut citer aussi le premier acte presque tout entier, un duo entre Mme Tassilly (Billette) et Sainte-Foy (baron de Cotignac), le quintette du troisième acte, *Comme on rira, quand on le saura*, sans compter les autres morceaux, dont la valeur sera mise en relief par une exécution plus parfaite aux représentations suivantes.

Les décors, les costumes et la mise en scène sont très-soignés. Tout, en un mot, semble promettre que la *Belle Bourbonnaise* sera un vrai succès. CH. DE LORBAC.

LE GRELOT

Avec le concours de Chabrillat, Dubreuil a écrit trois actes que M. Cantin a trouvés si jolis, si bien ciselés, qu'il a été décidé que la *Fille de Mme Angot*, *lassata sed non satiata*, céderait la place à la *Belle Bourbonnaise*, laquelle, dès le premier soir, s'est trouvée « fort à son aise » aux Folies-Dramatiques, qui sont à présent à l'Opéra-Comique ce que le Gymnase est au Théâtre-Français, — toutes proportions scrupuleusement observées.

Donc la *Belle Bourbonnaise* a été reçue à bras ouverts par M. Public.

En deux mots, voici la pièce :

On a choisi pour supplanter la Dubarry, maîtresse de Louis XV, une fillette (Manon-Desclauzas, la belle Bourbonnaise) qui ressemble, à un cheveu près, à la favorite. Instruite de la chose, la Dubarry se sert de sa Sosie pour déjouer le plan de ses ennemis.

L'espace me manque pour entrer dans les détails de cet amusant et leste imbroglio.

La musique de Cœdès, bien qu'un peu trop *cuivrée*, a été fort appréciée.

Les couplets de Brindamour (Luco), *Le Régi-ment prend du service*, l'air de Cottignat (Sainte-Foy), *Je suis un haut baron*, le *Chœur des métiers*, qui rappelle un peu la kermesse de *Faust*, le quintette du deuxième acte, *Ah ! quand on saura cela, comme on rira !* et enfin les couplets de l'abbé Camerlet (Raoult), *Madame Dubarry, tu danseras*, sont déjà populaires.

Milher n'a malheureusement qu'un rôle sans chant. Mais comme il sait tirer parti des moindres détails ! Il est plus qu'un acteur, c'est un grand comédien.

Les décors sont fort beaux, la forêt de Saint-Germain surtout. Mais la représentation de la *Belle Bourbonnaise* n'a pas seulement été la *fête des Loges*, ç'a été aussi celle des fauteuils d'orchestre et, en général, de toutes les places où l'on pouvait entrevoir les jolies jambes de Mlle Desclauzas. G. PETILLIAU.

PETIT-JOURNAL

Remplacer sur l'affiche d'un théâtre une pièce qui l'avait occupée pendant quatorze mois sans désemparer, c'était une tâche faite pour inspirer quelque crainte à des auteurs. Quels accents faire écouter dans cette salle qui retentit depuis si longtemps des refrains de la triomphante *Fille de Mme Angot* ? Quelque attention que le spectateur apporte à l'œuvre nouvelle, si l'écho, par habitude, allait lui répondre : *Perruque blonde*, ou *Forte en gueule, pas bégueule !*

Si difficile que fût la tâche, elle a été remplie par les auteurs de la *Belle Bourbonnaise*, avec simplicité, avec goût et avec succès. La pièce de MM. Dubreuil et Chabrillat n'a pas la prétention d'être une œuvre serrée ni absolument logique, mais la plupart des situations qu'elle renferme sont franchement gaies, et presque toutes ses scènes sont d'excellents prétextes à musique.

La musique de M. Cœdès a trouvé les oreilles du public tout ouvertes, et elle y est entrée tout droit. Dès le premier motif, M. Cœdès avait conquis son auditoire, et il ne l'a plus guère lâché. La partition du jeune compositeur est un opéra-comique d'où sont bannies avec soin les excentricités qui caractérisaient les mauvais temps de l'opérette. Si l'on peut reprocher à M. Cœdès de manquer d'individualité et de *pasticher* parfois trop exactement certains maîtres modernes, on ne saurait trop louer sa verve, son instinct de la scène, l'abondance et la franchise de sa mélodie. Il y a dans la partition de M. Cœdès toutes les qualités nécessaires pour succéder dignement à *Perruque blonde*, etc.. etc.

Parmi les morceaux à citer particulièrement, nous avons distingué au premier abord l'ouverture; un joli chœur de soldats au lever du rideau; le finale du premier acte, qui renferme une grande scène chorale, calquée sur la kermesse de *Faust;* au second acte, les couplets, sur un charmant motif de valse, chanté par l'abbé de cour; au troisième acte, un morceau d'ensemble très-spirituellement écrit. Il y a bien d'autres jolies pages dans cet opéra-comique, mais après une seule audition, on ne se souvient pas de tout.

La pièce est très-bien jouée par Mlle Desclauzas, d'abord, qui dit à merveille son double rôle de Mme Dubarry et de la belle Bourbonnaise, et qui, de plus, chante avec une voix d'un fort joli timbre et que nous ne lui connaissions pas encore.

M. Milher est excellent dans Grison, personnage accessoire dont il a su faire un rôle important, et qui ne serait pas mieux représenté sur nos théâtres de comédie.

GAZETTE DE FRANCE

La musique, de laquelle nous n'avons à dire que quelques mots, est de M. Cœdès, un jeune compositeur d'avenir, attaché à l'Opéra comme souffleur de musique.

Citons d'abord l'ouverture, à laquelle l'air de la *Belle Bourbonnaise* sert d'introduction.

Au premier acte, un joli duo et divers groupes de chanteurs, imités de *Faust*, très-réussis et qui ont été chaleureusement applaudis et bissés.

Au deuxième acte, les couplets chantés par l'abbé Camerlet, l'un des ennemis de la favorite : *La Dubarry, tu danseras, tu sauteras*, qu'on entendra dans huit jours sur tous les pianos.

Au troisième acte, des couplets dits par un garde-française et un air mêlé d'éclats de rire de la Dubarry forment le motif d'un quintette très-réussi et très-gai.

Mme Desclausas a été très-chaleureusement applaudie; elle a été excellente. Mme Tassily a beaucoup amusé. Milher a très-bien joué son rôle de limier de police. Sainte-Foy, que nous avons connu à l'Opéra-Comique, remplissait le rôle du baron de Cotignac.

La salle était très-brillante et surtout très-nombreuse. Les costumes des artistes sont une reproduction très-exacte de ceux de l'époque. A. LENTHÉRIC.

LE GAULOIS

La partition que M. Cœdès a écrite sur cette pièce est pleine d'humour et souvent de distinction. Elle renferme des trouvailles de bonne gaieté bien franche et bien naturelle. C'est une musique originale sans tomber dans l'affectation, et comique sans tomber dans la charge.

Le premier acte a gagné la partie; il l'a si bien gagnée, qu'il l'a presque compromise un moment : car, on le sait, les pièces dont le premier acte est trop brillamment enlevé se préparent souvent des déceptions pour les actes suivants. Il y a dans les premières scènes de cette partition plusieurs pages fort heureuses, par exemple, une chanson dite par un ennemi de la favorite : *La Dubarry la dansera, la sautera*, qui a failli avoir trois fois les honneurs du *bis*; puis un joli duo pour Billette, la fausse Bourbonnaise, avec Cotignac; puis les couplets classiques de la *Belle Bourbonnaise*, très-bien arrangés et encadrés; et enfin un chœur très-mouvementé, rappelant comme agencement le chœur des vieillards de *Faust*.

Ces divers morceaux ont été très-applaudis, et quelques-uns ont été redemandés par le public. Le chœur, notamment, a eu un grand succès.

Il serait injuste, cependant, de ne pas citer un très-joli divertissement de bergers trumeaux et une lettre chantée avec goût par Mlle Desclauzas, dont le refrain répète avec esprit les mots historiques : *Saute, Choiseul! Saute, Praslin!*

Au troisième acte, qui se passe à la fête de Saint-Germain, un quintette a ramené la gaieté dans la salle : *Ah! ah! quand on saura cela, comme on en rira!* Ce morceau, écrit dans un excellent style et d'une idée mélodique très-franche, a été bissé avec justice; il a d'ailleurs été parfaitement chanté.

M. Cœdès a été très-bien servi par ses interprètes, et la troupe des Folies a joué et chanté cet opéra-comique avec un soin et un tact qu'on n'aurait pas soupçonnés chez elle.

Mlle Desclauzas, qui tient toute la pièce dans le double rôle de la Dubarry et de Manon, détaille ces personnages différents avec un esprit et une grâce parfaite. Elle suffisait pour assurer le succès.

A côté d'elle, Mlle Tassilly, une bonne grosse jeune femme, qui est la gaieté même et qui nous a souvent fait rire au Château-d'Eau, a pris une juste part des bravos.

Les hommes eux-mêmes se sont distingués. Je ne parle pas de Sainte-Foy, en baron de

Cotignac, que nous avons retrouvé le même que nous l'avons tous connu à l'Opéra-Comique et qui a sa clientèle à lui. Milher a composé avec une mesure dont il faut lui savoir gré le personnage de l'agent Grison ; c'est certainement un des rôles dont il a tiré jusqu'ici le meilleur parti.

Un ténorino, Raoult, fort heureux dans le rôle de Camerlet, a fait preuve de bon goût en laissant voir l'ennui que lui causait une claque maladroite quand elle l'a forcé à répéter contre le goût du public une chansonnette sans grande valeur.

Le reste de la troupe s'est très-bien montré ; et, si je borne là mes félicitations, c'est qu'il faudrait les faire trop nombreuses. Le public, d'ailleurs, en allant entendre cent fois la *Belle Bourbonnaise*, rendra à chacun la justice qui lui est due.   GEORGES.

LE FIGARO

La pièce de MM. Dubreuil et Chabrillat, sans être d'un tempérament bien robuste, présente des éléments de gaieté et assez de situations musicales pour défrayer un opéra-comique de dimensions restreintes.

M. Cœdès a écrit sur le libretto de la *Belle Bourbonnaise* une partition assez étendue, que M. Jouvin jugera demain.

Je me borne à citer de mémoire les morceaux qui ont été le plus goûtés et qui ont décidé l'incontestable succès de cette première soirée.

D'abord, l'ouverture à laquelle l'air populaire de la *Belle Bourbonnaise* sert de préface et de péroraison : au lever du rideau, un petit chœur de soldats, dont on a regretté la brièveté ; ensuite un joli duo entre M. Cotignac et le sergent Brindamour ; puis le finale du premier acte, où les divers groupes des chœurs, les soldats, les ouvriers, les bourgeois et les grisettes viennent exprimer successivement leur caractère, comme dans la kermesse du *Faust* de Gounod. C'est au milieu de cet ensemble que Manon, séparée de son amant, qu'elle a perdu dans les rues de Paris, exhale ses sanglots sur l'air de la *Belle Bourbonnaise*.

L'impression du second acte se résume presque tout entière dans les couplets chantés par l'abbé Camerlet, l'un des ennemis de la favorite : *La Dubarry, tu danseras, tu sauteras*, qui, chantés avec infiniment d'adresse par le ténorino Raoult, ont été redemandés deux fois par la salle tout entière.

Au troisième acte, les éclats de rire de la comtesse Dubarry, ravie d'être embrassée par une famille de rustres, forment le motif d'un quintette extrêmement agréable, qui a décidé l'issue de la soirée.

LE BIEN PUBLIC

Il fallait un certain courage pour oser prendre la succession de la *Fille de Madame Angot*.

En effet, il est de tradition — une tradition justifiée par l'expérience — qu'un grand succès théâtral *se paye* toujours, et que naturellement c'est le lendemain qui acquitte à la fortune la dette contractée par la veille.

MM. Ernest Dubreuil, Henri Chabrillat et Cœdès n'ont point été arrêtés par la crainte d'avoir à subir la loi des contrastes dramatiques, et, confiants dans la bonne fée qui porte bonheur aux Folies-Dramatiques, — l'un d'eux a d'excellentes raisons pour cela, — ils ont compté sur la *veine* du directeur ainsi que sur eux-mêmes pour éviter le sort fatalement réservé aux imprudents qui prennent *une main* épuisée.

Cette hardiesse a été récompensée, et nous sortons de la première représentation de la *Belle Bourbonnaise*, l'oreille encore pleine des pronostics aimables formulés par un public enchanté.

La *Fille de Madame Angot* avait fait au théâtre des Folies-Dramatiques un pas très-accentué vers le genre opéra-comique : la *Belle Bourbonnaise* rend complète l'évolution ; les Folies ne sont plus la petite maison de l'opérette, mais bien une seconde salle Favart : le *Petit Faust* et M. Hervé ont émigré aux Menus-Plaisirs pour laisser la scène à Manon et aux disciples d'Adam et de Clapisson.

Le Théâtre-Lyrique du boulevard du Temple est sorti des décombres. A quelque distance de l'endroit où il s'élevait il y a quinze ans, joyeux et coquet, on entend des refrains pimpants comme ceux de la *Fanchonnette* et du *Bijou perdu*.

A vrai dire, les auditeurs ont tout d'abord été un peu surpris. La transition était brusque, car la *Belle Bourbonnaise* est non-seulement un opéra-comique, mais encore une pièce des plus..... comment dirai-je ?... des plus *comme il faut*. Dans la *Fille Angot*, on avait encore des *cascades* et des *engueulades* ; la *Belle Bourbonnaise* est d'un *talon rouge* inouï ! Des bergers Watteau, des dames en paniers classiques, des seigneurs élégants, des coureurs et des nègres corrects, tout ce monde des salons et des boudoirs a remplacé les marchandes, les forts de la halle et les incroyables : Trianon au lieu de Belleville, Notre-Dame de Paris au lieu de la Fontaine des Innocents, les Loges et Saint-Germain au lieu du Carreau.

Aussi quelques personnes ont trouvé la pièce un peu trop *distinguée*. M. Cantin souriait à cette critique : il entrevoyait la douce perspective de perdre la *pratique* de quelques légers et de gagner, en fructueuse revanche, nombre de familles honnêtes pouvant maintenant devenir les hôtes de ce théâtre où l'on ne lève plus la jambe jusqu'à la hauteur d'un œil... crevé ou non, où l'on parle non plus la langue verte, mais la langue bleue de Marivaux.

Sur cette donnée gracieuse, un peu connue, relevée toutefois par des saillies originales, drôles, et par des types très-bien dessinés, comme celui de l'agent secret Grison, M. Cœdès a écrit une partition touffue et charmante.

Le côté sentimental de l'œuvre est le moins saillant. La mélodie tendre fait défaut. En revanche, le côté spirituel est en pleine et vive lumière.

Les couplets fort bien débités par M. Raoult :

La Dubarry, tu danseras, tu sauteras,

ont été bissés et, si l'on avait osé, ils eussent été redemandés trois et quatre fois.

Le quintette du 3ᵉ acte, *Comme on rira, lorsqu'on le saura !* est de la même inspiration, et il a eu aussi les honneurs des *bis*.

Les chœurs sont traités de main de maître : celui du premier acte a décidé de la victoire dès la première manche ; le menuet chanté a un parfum exquis de fraîcheur et un caractère très-accentué d'archaïsme qui séduit.

Ajoutez à cela un duo entre Sainte-Foy et Mᵐᵉ Tassilly, et vous aurez l'indication sommaire des *numéros* les plus saillants.

Le reste est moins *trouvé*, mais toujours mélodique et plaisant.

Voilà certes un brillant début pour M. Cœdès, le souffleur de l'Opéra, et M. Halanzier doit craindre qu'après une soirée pareille, la vogue, forçant M. Cœdès à se consacrer uniquement à la composition lui souffle son souffleur.

Prétendre que l'interprétation est parfaite, ce serait exagérer et flatter le triomphateur des Folies. M. Cantin semble d'ailleurs contraire au système des *étoiles*. Il laisse à quelque autre Le Verrier théâtral le soin de chercher ces perles du paradis et se contente d'avoir un ensemble honorable.

Il est arrivé à ce résultat pour la *Belle Bourbonnaise*, et même les chœurs, allant au delà de l'*assez bien*, méritent la mention *bien*.

Mˡˡᵉ Desclauzas s'est révélée comédienne excellente dans sa double personnification de Manon et de la Dubarry..... Sa voix est aussi devenue plus flexible et plus harmonieuse.

Cette création pourrait bien la faire passer *étoile*..... malgré son directeur.

HENRY DE LAPOMMERAYE.

L'ÉVÉNEMENT

Un jour Dubreuil et Chabrillat se déguisèrent en bergers Watteau : Dubreuil fit raser sa moustache, qu'il remplaça par un signe, et endossa une culotte de satin rose, tandis que Chabrillat s'amusait à garnir une houlette de rubans bleu de ciel et à se mettre de la poudre de riz dans les cheveux. Cependant, survint Cœdès, harassé d'avoir soufflé *Hamlet* à ses camarades de l'Opéra, qui se mit au piano, esquissa un motif de fabliau, dessina un menuet, soupira une romance amoureuse, jusqu'à ce que Cantin, étant survenu, leur dit :

— Mes enfants, c'est charmant ; mais vous allez gêner les voisins. C'est aux Folies-Dramatiques que cela doit se passer.

Telle est l'origine de la *Belle Bourbonnaise*, opéra-comique en trois actes.

Si la Belle Bourbonnaise

Était mal à son aise,

c'était l'envie d'affronter la rampe. Aussi l'avons-nous retrouvée hier soir pleine de verve et de gaieté.

Si j'avais à m'occuper de la musique, je vous citerais les nombreux morceaux qui ont été bissés ; mais cela ne me regarde pas.

La toile baisse au bruit des bravos.

Charmante en Dubarry, Mˡˡᵉ Desclauzas, avec son amazone de faille marron et son feutre orné de plumes blanches.

Parmi les motifs qu'elle chante, je reconnais celui des *Petites Blanchisseuses*, une leste chansonnette crayonnée par Monselet et mise autrefois en musique par Cœdès.

Les *Petites Blanchisseuses* n'étant connues que de quelques artistes, l'auteur a cru pouvoir reprendre son air.

Ce n'est pas le public des Folies qui s'en plaindra !

Sainte-Foy en berger Watteau est du dernier comique, et Mˡˡᵉ Tassilly en Pompadour, du plus gracieux ridicule.

La fête des Loges ! Sous les ombrages des grands arbres de Saint-Germain, saltimbanques et paillasses, joueurs de vielle et lutteurs, colombines qu'envient de petits marquis et lutteurs que reluquent des grandes duchesses.

Le succès de la *Belle Bourbonnaise* s'accentue de plus en plus.

Les éditeurs que je reconnais dans la salle se font des yeux épouvantables.

A qui la partition ?

A personne.

Cantin, en habile qu'il est, a acheté par traité toutes les œuvres de Cœdès pendant cinq années.

Allons, Messieurs, c'est au directeur qu'il faudra faire votre cour. Et il tiendra bon, je vous assure.

En somme, succès pour les librettistes et pour le compositeur.

Décidément, les Folies-Dramatiques ont une fée qui les protège. GEORGES DUVAL.

LE RAPPEL

Les auteurs de la *Belle Bourbonnaise* ont fait, d'une de ces mille intrigues de cour, trois actes d'opéra-comique qui en valent beaucoup d'autres du genre.

Sur ce poème, qui est plutôt taillé sur le patron de l'opéra-comique du vieux répertoire que sur celui de l'opérette moderne, M. Cœdès a écrit sa première partition, qui révèle déjà une véritable habileté scénique, une entente des proportions musicales permises à ce genre et un sentiment mélodique très-juste.

Son ouverture, qui débute par l'air populaire de la *Belle Bourbonnaise*, résume clairement les motifs principaux de la partition. Dans le premier acte, on peut signaler un duo où se trouve une phrase pleine de tendresse, et un finale très-développé que l'on a bissé tout entier ; il est fort bien écrit pour les voix et d'un irrésistible effet. Le second acte est, à notre avis, le mieux réussi, c'est un pastiche fort ingénieux des galants divertissements que composaient pour le roy les musiciens de cour ; on dirait des pages détachées de Campra ou de Rameau, on croirait assister aux *Muses rassemblées par l'Amour* ou aux *Courses de Tempé*. C'est du dernier galant !

C'est dans cet acte que les auteurs ont placé une chanson rappelant l'anecdote des oranges de Jeanne Dubarry : « Saute Choiseul ! saute Praslin ! »

Il faut citer au dernier acte, qui se passe à la fête de Saint-Germain, un chœur de début très-animé, un joli duo et un quatuor très-piquant qui a été bissé par la salle entière.

Mlle Desclauzas a partagé avec M. Milher le succès de la soirée ; elle a très-finement rendu les deux types de la vraie et de la fausse Dubarry et chanté avec beaucoup de goût.

Milher a dessiné et animé son personnage, plus mimé que parlé, avec beaucoup d'originalité.

En somme, le succès de la *Fille de Madame Angot* n'a guère été plus grand que celui-ci à la première représentation, et il est difficile de trouver une raison sérieuse pour que la *Belle Bourbonnaise* ne vive pas aussi jusqu'à la deuxième année.

PARIS-JOURNAL

Ce sujet, on le voit, est au fond médiocrement comique. Mais les auteurs l'ont si lestement et si gaiement traité, ils en ont tiré de si agréables situations et des scènes si heureusement préparées pour le musicien, qu'en somme le succès de la pièce a été complet.

Quant à la musique de M. Cœdès, si elle n'est pas toujours d'une originalité bien marquée, elle est du moins essentiellement scénique. Elle est, de plus, toujours d'accord avec la situation, et sait être bouffonne à propos, élégante quand il le faut, et même tendre et sensible quand cela devient nécessaire.

Le premier acte est le mieux réussi des trois. Nous y avons remarqué et nous signalons, au courant de la plume ronde du cocher, le quatuor plein de rondeur, et d'entrain des parents de Manon.

Le finale de cet acte, quoique très-développé, est irréprochable de tout point ; le plan en est excellent et l'exécution de ce plan est parfaite. Le chœur à quatre parties successives qui se confondent dans un ensemble vigoureux est fait de main de maître et révèle un musicien consommé. Après ce chœur, vient la chanson si populaire de la *Belle Bourbonnaise*, qui se trouve intercalée dans la péroraison finale avec beaucoup d'adresse et de bonheur.

Au second acte, le public a très-justement accordé les honneurs du *bis* à des couplets sur un mouvement très-gracieux de valse : *La Dubarry sautera*. D'autres couplets : *Saute, Praslin !* ont été également redemandés. Le chœur qui termine cet acte est confus, bruyant et prétentieux.

Le troisième acte, sans valoir le premier, n'est cependant pas sans mérite. Il contient un morceau qui est un vrai bijou dans son genre, c'est le quintetto *On en rira*. Il a été bissé sans que personne trouvât rien à y redire. L'exécution de la pièce a été bonne et bien supérieure à celle de *Madame Angot.* Tous les rôles sont bien tenus.

Sachons gré cependant à MM. Dubreuil et Chabrillat d'avoir tenté, avec la *Belle Bourbonnaise* une véritable excursion sur les terres de l'Opéra-Comique.

La musique de la *Belle Bourbonnaise* est de M. A. Cœdès, un excellent musicien, qui remplit à notre Académie de musique la tâche délicate de souffleur.

Dans cette partition, M. Cœdès a su tendre la main aux anciens par derrière, aux modernes par devant, et dégager pourtant de cet amalgame, inattendu aux Folies-Dramatiques, une certaine originalité personnelle qui s'est imposée dès le lever du rideau, par sa rondeur et sa bonne humeur gauloise. Sa recherche la plus vive paraît être, tout en évitant la prétention, de combiner le juste sentiment de la couleur qui convient à l'opéracomique avec le rhythme à vive arête qui a fait jusqu'ici la fortune de l'opérette.

C'est une muse franche en ses dires, libre en ses propos, tout impregnée des vertes senteurs de la gaieté française : au demeurant très-accessible au sentiment qu'elle effleure parfois d'un coup d'aile, en passant et par boutade. Le vaudeville de Brazier a cette allure-là.

LE PAYS

Ce petit opéra-comique est franchement gai et fournit au compositeur des situations musicales. M. Cœdès a su en profiter pour en révéler au public un musicien plein d'humour, de naturel et de distinction.

Citons en courant dans sa partition : la chanson frondeuse *La Dubarry, tu danseras, tu sauteras,* qui a failli être bissée deux fois ; le joli duo qui suit et les couplets de la *Belle Bourbonnaise,* parfaitement arrangés, enfin un chœur qui rappelle la kermesse de *Faust* et qu'on a applaudi à tout rompre.

Dans le second acte, je ne vois à noter qu'un joli menuet et une lettre finement détaillée par Mlle Desclauzas. Le quintette du troisième : *Ah ! ah ! quand on saura cela, comme on en rira !* a ramené la gaieté dans le public. Ces couplets, alternativement chantés par cinq personnages, sont d'un style exquis et d'un tour très-mélodique, franc et original.

L'interprétation est fort remarquable. Comme chanteuse et comme actrice, Mme Desclauzas a été très-fêtée dans le double rôle de Manon et de la favorite ; Mlle Tassigny a de la verve et un peu trop de pétulance. Milher a joué en comédien le rôle discret de l'agent Grison. Un ténorino, M. Raoult, prête une voix et une vivacité charmantes au personnage d'un joli petit abbé de cour.

DEULIN DE LA MOUZELLE.

LA REVUE THÉATRALE

La musique de M. Cœdès est distinguée et franchement mélodique. L'orchestration, traitée d'une main sûre, offre d'intéressants dessins, à l'harmonie colorée.

Nous signalons au premier acte l'ouverture, un petit chœur de soldats, un joli duo entre Cotignac et le sergent Brindamour, les couplets classiques de *la Bourbonnaise,* très-bien arrangés et encadrés, enfin un chœur divisé en quatre groupes : militaires, ouvriers, femmes et vieillards, qui chantent d'abord séparément, et se réunissent ensuite dans une péroraison du plus brillant effet.

Le deuxième acte, outre un très-joli divertissement de bergers Watteau, contient une chanson délicieuse dite par un ennemi de la favorite, l'abbé Camerlet, et que le public fait bisser chaque soir.

Au troisième acte, les éclats de rire de Dubarry, ravie d'être caressée par des rustres, forment le motif d'un quintetto écrit dans un excellent style. Le compositeur, enfin, a souvent trouvé l'inspiration véritable.

La troupe des Folies-Dramatiques s'est montrée, comme toujours, à la hauteur de l'ouvrage.

Mme Desclauzas tient toute la pièce, avec le double personnage de Manon et de Dubarry. On sait comme l'actrice est belle ; le costume Louis XV rehausse encore ses perfections plastiques. Quant à son talent de cantatrice et à son esprit de comédienne, ni l'un ni l'autre n'ont jamais brillé d'un éclat aussi vif. Elle est deux fois charmante.

Mlle Tassilly fait applaudir sa verve dans le rôle de Billette.

M. Sainte-Foy prête au niais baron de Cotignac les mines réjouissantes et les attitudes bouffonnes qui ont fait si longtemps les délices de l'Opéra-Comique.

M. Milher a composé, avec un talent très-sobre, la physionomie de l'agent Grison. Il y obtient des effets remarquables. Ses différentes façons de prendre du tabac pour exprimer les variations de son âme valent un traité de diplomatie.

M. Villars joue et chante à merveille le rôle de Blaise, et M. Raoult dit avec infiniment d'adresse les couplets de Camerlet.

MM. Luco, Haymé, Vavasseur, Gatinais, Fontenelle, Heurzey, Mmes Julien, Minne, Fleury, Morel et Blainville, complétèrent un excellent ensemble.

L'orchestre et les chœurs manœuvrent avec une entente rare, les décors Zara sont superbes, les costumes, dessinés par Luco, remarquables. Tout se réunit, en un mot, pour faire de la *Belle Bourbonnaise* un spectacle de haut goût et de bon ton.

L. Henri Lecomte.

LE POLICHINELLE

Grand succès. Libretto très-gai. Jolie musique et jolis costumes. Mise en scène très-soignée. Compliments à Mmes Desclauzas, Tassilly, MM. Sainte-Foy, Milher et Luco.

Cent représentations sur la planche pour M. Cantin.
H. D'Amony.

LA PRESSE

Je dois toutefois une louange aux auteurs de la pièce : ils ont essayé d'assainir une scène vouée aux calembredaines de l'opérette; ils ont voulu purger le genre des équivoques et des excentricités déshonnêtes qui ont fait son succès jusqu'ici. A ce point de vue, ils ont donc fait du moins une *bonne* pièce.

On ne peut nier toutefois que la *Belle Bourbonnaise* n'ait obtenu un très-honorable succès de musique. La partition écrite par M. Cœdès sur le canevas que lui ont fourni ses collaborateurs a des pages extrêmement réussies. Le premier acte en est tout à fait agréable, et cela sans nul remplissage. Condamné à fêter la muse populaire, la seule qui compte des *croyants* au boulevard, le compositeur a tourné très habilement la difficulté, qui consistait à respecter la religion du pays sans faire pour cela aucun acte d'affiliation au culte public. Il y a force couplets dans son opéra ; s'il les a aiguisés sur ce rhythme qui met en mouvement à la fois la tête et les pieds du spectateur, il a fait effort du moins pour donner à la mélodie de la vivacité sans choir dans la trivialité. Je citerai, comme ayant atteint le but en évitant l'écueil, les couplets de l'abbé de cour : *La Dubarry, tu tomberas !* et la jolie chanson de la favorite sur ce refrain : *Saute, Choiseul ! Saute, Praslin !* En payant sa dette au public de l'endroit, le musicien s'est fait sa part et il s'est adjugé la meilleure. Il a écrit des choses dans un goût plus relevé que ne le comportaient le genre et l'auditoire, et cela au risque de dépayser ses auditeurs. On a justement applaudi au premier acte, un duo d'une légèreté spirituelle et très-mélodieuse, chanté par Mlle Tassilly et indiqué par Sainte-Foy. Mais le morceau capital de la partition est sans contredit le finale de ce premier acte. Il se compose de trois chœurs chantés séparément et réunis dans un ensemble de l'effet le plus heureux. Le deuxième acte renferme un morceau traité par le musicien avec autant d'esprit que de goût ; c'est la parodie musicale de la scène des *bergers-trumeau*. Cela est peut-être un peu trop fin pour le public des Folies-Dramatiques. Le finale à l'italienne de ce second acte m'a semblé viser prétentieusement à la grande musique : ni le sujet, ni le cadre ne comportait ce déploiement ambitieux des masses sonores de la scène et de l'orchestre. A partir de la seconde représentation, on l'a réduit à des proportions plus modestes ; il n'est pas devenu meilleur, mais il court du moins plus rapidement à sa conclusion.

B. Jouvin.

L'AUDIENCE

La *Fille de Madame Angot* avait servi de transition entre le genre inepte de *Chilpéric* par exemple, et l'opérette gauloise, leste tout juste ce qu'il faut pour chatouiller la malignité des oreilles, mais sans les obliger à rougir. La *Belle Bourbonnaise* marque un pas de plus dans la voie du bon goût du spectacle pour tous, que M. Cantin semble vouloir adopter, et nous le félicitons d'autant plus de cette tendance honnête que le succès l'en a récompensé. Le musicien mérite toutes sortes d'encouragements ; sa partition dénote un compositeur qui connaît tout à la fois son art et son métier ; il possède le savoir et également le savoir-faire ; ce début très-heureux donne à l'avenir plus qu'une promesse, il offre des garanties réelles.

Ch. Schiller.

LE NATIONAL

La *Belle Bourbonnaise* obtient aux Folies-Dramatiques un succès pareil à celui de la *Fille de Madame Angot*, et c'est justice.

MM. Ernest Dubreuil et Henri Chabrillat ont mis infiniment d'esprit, de gaieté, de goût, dans cette amusante comédie à ariettes où ils ont fait de la maîtresse de Blaise, célébrée par la chanson populaire, une menechme de la Dubarry, au moyen de laquelle cette favorite fait sauter l'orange Choiseul et l'orange Praslin, et où les aventures d'une famille villageoise égarée à la cour de Louis XV, se mêlent très plaisamment aux intrigues d'un exempt de génie nommé Grison, et aux péripéties d'un ballet d'action emprunté aux plus gracieux rêves de Watteau.

Le compositeur, M. Cœdès, possède, on le sent, un réel savoir, qui n'exclut chez lui ni la clarté ni l'élégance, et il semble sacrifier quelquefois trop partialement à la mélodie, comme cela est d'ailleurs indispensable dans un théâtre où le public veut avoir compris *devant que les chandelles soient allumées*. Il se montre harmoniste consommé dans cet excellent *Chœur des Métiers* à quatre parties, qu'on a si fort applaudi au premier acte. Il y faut aussi noter le joli chœur si coloré de l'introduction, chanté par les gardes-françaises, le duo dit par Billette et Cotignac, et le *finale* dans lequel la chanson de la *Belle Bourbonnaise*, devenue comme une plainte d'amour sincère et déchirante, s'encadre très-heureusement.

Les couplets du petit abbé : *La Dubarry, tu tomberas, tu sauteras*, et ceux de la favorite : *Saute, Choiseul! saute, Praslin!* qui leur répondent, sont déjà populaires comme les airs du ballet-trumeau, et en voilà pour un an ou plus, selon l'occasion. MM. Dubreuil, Chabrillat et Cœdès ont fait la chose impossible, celle qui consiste à remplacer un grand succès par un grand succès, et ainsi ils ont rompu, aux applaudissements d'un peuple immense! la chaîne d'or de la tradition. Manon ou favorite, Dubarry déguisée en Bourbonnaise ou Bourbonnaise travestie en Dubarry, Mlle Desclauzas dit et chante adroitement et avec grâce, et la pièce pourrait bien s'appeler *les Trois Bourbonnaises*, car, à côté de la double Manon, il y avait Mlle Tassilly, éclatante de gaieté et de bonne humeur. Sainte-Foy est et sera toujours trop jeune pour représenter la triste sénilité de Cotignac ; Luco (qui a dessiné les costumes) est un Brindamour on ne peut plus triomphant, et le ténorino Raoult dit avec esprit les couplets de l'abbé Camerlet. Milher résume en lui Peyrade, Corentin et Talleyrand, et il prend son tabac avec toutes les finesses et tous les sous-entendus de Sganarelle.

TH. DE BANVILLE.

LE COURRIER DES THÉATRES

La musique est de M. Cœdès, déjà connu très-avantageusement par de nombreuses compositions. Sa partition est spirituelle et pleine de verve ; nous serions fort surpris si quelques-uns de ses refrains ne devenaient pas rapidement populaires. Les couplets que chante M. Raoult, par exemple, ont été bissés avec enthousiasme.

Les décors, les costumes et la mise en scène sont très soignés. Tout, en un mot, semble promettre que la *Belle Bourbonnaise* sera un vrai succès.   CH. DE LORBAC.

LE TEMPS

Parlerai-je des Folies-Dramatiques ? La *Belle Bourbonnaise* m'a paru être, comme la *Fille de Madame Angot*, un véritable opéra-comique, dans le vieux style de l'opéra-comique d'autrefois. Le genre est à la mode ; il nous a donc amusés, et il paraît qu'aujourd'hui, les coupures indiquées par l'effet du premier soir étant faites, on s'y divertit d'un bout à l'autre. Mon collaborateur M. Weber vous parlera de la musique.   FR. SARCEY.

LE MONITEUR UNIVERSEL

Sur ce poëme agréable, M. Cœdès a écrit une partition spirituelle et gaie, facile et courante, toujours en mouvement et toujours en scène. Au premier acte, un chœur de gardes françaises, très-franchement rhythmé ; le joli duo du baron et de Billette ; le finale surtout, fait d'un triple chœur de soldats, de bourgeois et de grisettes, dont les trois groupes se succèdent pour se confondre ensuite dans un même ensemble. Les couplets de la Belle Bourbonnaise, tournés en complainte par Manon qui crie après son amoureux disparu, sanglotent gaiement au milieu de ce brouhaha. Cela compose un tableau plein de couleur, de festoiement, d'animation populaire ; le public l'a redemandé.

Le second acte a les jolis couplets de l'abbé gascon, — *La Dubarry, tu danseras*, — joliment fredonnés par le ténorino Raoult, et qu'on a fait répéter trois fois. Rien de plus fin et de mieux tourné que cette épigramme musicale : c'est le sifflement d'un serpent de cour. Autres couplets de la favorite jonglant avec ses oranges : — *Saute, Choiseul! saute, Praslin!* — spirituels encore et de leste allure, mais qui frisent un peu la banalité. Il faut citer encore un intermède de bergers galants, et le quatuor des *Mouches* nuancé, comme d'une touche de rouge, de l'esprit du temps. — La verve du compositeur languit un peu dans le troisième acte. Elle se réveille pourtant en sursaut, avec le frais et piquant éclat de rire du quintette : — *Ah ! ah ! quand on saura cela, comme on en rira !* — qui a remis le public en joie, et décidément gagné la partie.

On ne saurait prédire à la *Belle Bourbonnaise* la longévité de la *Fille de Madame Angot*, ce n'en est pas moins un succès de très-bon aloi, auquel il faut applaudir comme à une seconde victoire de la musique élégante sur la musique grimacière. L'Opéra-Comique s'emparant du théâtre de *Chilpéric* et de *l'Œil crevé*, c'est une conquête de bonne guerre et qui a tout le piquant d'une revanche.

PAUL DE SAINT-VICTOR.

LA LIBERTÉ

La *Belle Bourbonnaise* a cependant réussi, moins brillamment sans doute que si la direction eût attendu que la *Fille de Madame Angot* fût un peu oubliée, en comblant l'intervalle par une reprise de *l'Œil crevé*, ou de tout autre chef-d'œuvre classique de l'endroit ; mais, enfin, c'est un succès.

Comme le livret de la *Fille de Madame Angot*, celui de la *Belle Bourbonnaise* s'éloigne du genre ordinaire de l'opérette, pour revenir à celui de la comédie à ariettes du bon vieux temps, d'où est sorti notre opéra-comique.

La donnée est, du reste, assez heureusement choisie. Il s'agit d'une intrigue des ministres de Louis XV, ayant pour but de faire perdre à Mme Dubarry les faveurs de son royal amant, en lui présentant une jeune paysanne du Bourbonnais, dont les traits offrent une ressemblance extraordinaire avec ceux de la favorite.

Peu de débutants ont montré du premier coup autant de talent musical et de qualités scéniques que M. Cœdès. Il a la mélodie facile, mais exempte de banalité ; ses accompagnements sont élégants et discrets ; ses combinaisons montrent un esprit ingénieux.

C'est justement parce qu'il a un tempérament distingué qu'il n'est pas tombé dans les mêmes travers que les fournisseurs habituels de ce théâtre. Sa musique est gaie sans cesser d'être de bon goût, et il reste de sa gracieuse partition une impression toute différente de celle qu'on emporte des platitudes de *l'Œil crevé* ou du *Petit Faust*. VICTORIN JONCIÈRES.

REVUE ET GAZETTE DES THÉATRES

Le libretto de MM. Dubreuil et Chabrillat renferme de nombreux éléments de gaieté et de situations musicales, dont le jeune compositeur, M. Cœdès, a brillamment tiré parti. Citons, au premier acte, un chœur de soldats dont le seul défaut... est la brièveté ; ensuite, un ravissant duo entre le baron de Cotignac et le sergent Brindamour ; puis, le finale très-habilement « pistaché » sur la kermesse du « Faust » de Gounod. Au second acte, les couplets chantés par l'abbé de Camerler : *La Dubarry, tu danseras, tu sauteras*, ont été redemandés deux fois par la salle tout entière. C'est sans doute pour ne pas fatiguer le ténorino Raoult que le public n'a pas crié : *Ter !...* Avant peu, cet air deviendra populaire comme la fameuse *Perruque blonde*. Ce n'est pas peu dire. Au troisième acte se trouve enchâssée la perle de la partition : ce sont les éclats de rire de la comtesse Dubarry qui forment le motif d'une quintille réussie au delà de toute expression. J'aurais mauvaise grâce à passer sous silence le double quatuor des bergers Watteau. En résumé, succès justement, très justement mérité de libretto, de partition, d'interprétation et de mise en scène. M. Cantin a jeté l'argent par les fenêtres, bien certain — l'intelligent directeur — qu'il rentrera par la porte... de la location.

VICTOR LAGOGUÉE.

LE JOCKEY

N'en déplaise à la chanson, *elle est très à son aise la belle Bourbonnaise* dans la salle de M. Cantin, au milieu d'un public composé de tout ce qu'il y a de mieux dans tous les mondes parisiens. M. Cantin, lui aussi, est très à son aise, et comme beau-père et comme directeur ; tout consolé maintenant de sa séparation avec la Fille Angot. Charmante la musique de Cœdès sur le libretto de Dubreuil et de Chabrillat, le gendre de la maison. C'est décidément un commencement de revanche de l'opéra-comique sur l'opérette ; cela vous change un peu. Préparez vos transparents et ouvrez votre caisse, monsieur Cantin, en voilà pour plus d'un an. JEAN DE LORCY.

L'EUROPE ARTISTE

La partition de M. Cœdès a un caractère de distinction et de finesse qu'il importe de signaler. A part le grand chœur à quatre parties du premier acte, qui rappelle, par sa facture générale, celui de *Faust*, et qui pourtant est une page visant à la science, sans que l'effet s'en ressente, tous les autres morceaux sont d'une grande simplicité, c'est de l'opéra-comique élégant, harmonieux et clair.

Je signalerai le menuet du deuxième acte, ravissant de couleurs. Le chœur des exilés, d'une grande sobriété et où l'on retrouve le caractère léger qui était le propre de la génération frivole, insouciante du XVIII° siècle; le chœur de la forêt de Saint-Germain, plein d'entrain, et le chœur-marche du premier acte, d'un bon sentiment rythmique.

Dans les morceaux d'ensemble, je recommande le quintette des *Mouches*, le quintette *On en rira*. Dans les couplets ou rondeaux, les couplets de l'orange, *Saute, Choiseul! saute, Praslin!* la chanson de la *Belle Bourbonnaise*, très-ingénieusement orchestrée, la romance de Blaise, les couplets et le récit de l'abbé, qui rappelle celui du *Brasseur de Preston*, *Madame Dubarry, tu tomberas,* fort originaux et la lettre. S'il y a du décousu dans l'ouverture, qui manque peut-être d'originalité, tout le reste est charmant et fait avec autant de goût que d'art.

La mise en scène est fort belle; le décor du premier acte est bien réussi. Bref, tout concourt à assurer à la *Belle Bourbonnaise* un succès du meilleur aloi, et nous en sommes heureux.
EM. DE LYDEN.

LE CHARIVARI

Ce que vous désirez savoir, n'est-il pas vrai, c'est si vous pouvez, sans crainte d'être volé, porter vos sept livres dix sous au guichet de la buraliste des Folies?

Eh bien, vous le pouvez. Un mot de plus et j'ajoute : Vous le devez.

Les Folies obligatoires, mais non gratuites, ne semblent-elles pas vouloir devenir un article de loi pour tout bon Parisien?

Le libretto de MM. Dubreuil et Chabrillat est un véritable opéra-comique. La cascade a vécu. L'*Œil crevé* est maintenant un œil fermé.

Tant mieux, ma foi!

La pièce, adroitement agencée et agréable à écouter, fournit au compositeur toutes sortes de prétextes pour écrire de jolie musique.

M. Cœdès, un débutant, a saisi ces prétextes avec une avidité toute juvénile. Il comble son public de mélodies et de sonorités. Parfois même il l'en accable.

Affaire de mesure, péché mignon!

Quand il n'y a qu'à rogner, c'est chose bien facile. On a plus vite fait de tondre une chevelure luxuriante que de faire pousser un seul poil sur la tête d'un chauve.

La partition de M. Cœdès n'est pas chauve, je vous en réponds. Quelle crinière! Crinière poudrée à la mode du temps et tout empreinte de parfums à la maréchale.

M. Cœdès traite particulièrement les chœurs avec une autorité sûre de lui-même.

Cinq ou six morceaux tout à fait charmants ont été bissés ou remarqués.

Excellent coup d'essai, à la suite duquel pourraient bien venir des coups de maître.
PIERRE VÉRON.

LE XIX° SIÈCLE

Je ne puis pas entrer dans tous les détails de cette action fantaisiste; mais ce que je puis dire, c'est qu'elle est gaie, vive, alerte, sans le plus petit mot qui choque, que les situations musicales y sont très-adroitement ménagées; enfin, et pour tout dire en un mot, qu'elle est amusante. En faut-il davantage?

La partition de M. Cœdès est gracieuse, distinguée, mélodique. L'air consacré de la *Belle Bourbonnaise* fait, bien entendu, tous les frais de l'ouverture qui le paraphrase ingénieusement. Le premier acte commence par un chœur de soldats d'un gentil caractère et qui n'a que le défaut d'être un peu court.

Vient ensuite un duo entre le sergent Brindamour et Cotignac, d'un effet assez comique; mais le morceau principal est le finale où quatre parties chorales, dites d'abord isolément, soldats, bourgeois, artisans et grisettes se trouvent réunies pour former une reprise d'ensemble très-habilement traitée. C'est là que se placent aussi les couplets de la Bourbonnaise, que la pauvre Manon, au désespoir d'avoir perdu son amant, chante au milieu des sanglots et des larmes.

Au deuxième acte, ce qui attire le plus l'attention, ce sont les couplets du petit abbé Camerlet : *Madame Dubarry, tu tomberas*, que le public a fait répéter, et le petit ballet des *bergers trumeaux*.

Enfin, au troisième acte, je citerai encore,

pour cette rapide et incomplète nomenclature, le quintette du rire et le finale, où s'intercale la reprise de la chanson de la belle Bourbonnaise.

Le succès de la première représentation est pleinement confirmé aujourd'hui : la *Fille de Madame Angot* en a pour longtemps à se reposer.

LE COMIC-FINANCE

Je ne ferai pas le compte rendu du scenario, qui est un vrai livret d'opéra-comique et dont l'intrigue est suffisamment connue. M. Cœdès a brodé sur ce canevas une musique légère, fraîche, délicate comme un Watteau. Le chœur du premier acte à quatre reprises est bien rythmé; au deuxième, l'air de l'abbé : *Tu tomberas, la Dubarry*, a été bissé; l'air : *Saute, Choiseul! saute, Praslin!* a eu le même succès de répétition. Enfin, dans le troisième acte, le quintette a été fort goûté de tout le monde. Je passe sous silence d'autres motifs de la partition, qui ne sont pas sans valeur. — Les honneurs de la soirée ont été pour Mlle Desclauzas, qui a été forte en... voix et qui s'habille et se déshabille avec une promptitude surprenante. Mlle Tassilly, qui imite Mmes Alphonsine et Silly, est un mouvement perpétuel; elle anime la scène, c'est tout ce que je puis en dire. Une bonne note (pas de musique) pour le jeu de Sainte-Foy, et compliments à MM. Raoult et Milher, qui a été fort prisé dans la scène de la physiologie de la tabatière. — En résumé, début brillant de M. Cœdès et qui est un présage heureux pour l'avenir.

LE FIGARO

(DEUXIÈME ARTICLE)

La musique de M. Cœdès a deux qualités que j'estime fort réunies : la clarté et l'élégance. Si je ne craignais de faire tort au compositeur (mais je compte qu'il me gardera le secret auprès de son public), j'ajouterais une troisième qualité aux deux autres : le savoir. Son premier acte est excellent d'un bout à l'autre; peut-être même l'est-il un peu aux dépens des deux derniers. Je n'ai pu arriver à temps pour entendre l'ouverture; je suis assuré que l'auteur aura soigné cette préface de sa partition dont malheureusement je ne puis rien dire. Le petit chœur de l'introduction chanté par les gardes-françaises a du rythme et de la couleur. Le duo de demi-caractère dit par la paysanne Billette et le vicomte de Cotignac est un très-agréable morceau d'opéra-comique ; la phrase du soprano est d'un jet mélodique extrêmement heureux. Je passe par dessus les *ensembles* et les couplets pour arriver au finale du premier acte, dans lequel est encadrée la chanson populaire. Ce n'est plus une parodie comme dans la légende ; c'est la plainte amoureuse de la pauvre Manon, qui appelle en pleurant son ami Blaise qu'elle a perdu. La foule, réunie sur le quai de la Ferraille, fait écho à la belle Bourbonnaise par ses moqueries et ses éclats de rire. Trois chœurs alternés et réunis composent ce finale tracé avec un véritable talent : chœur de soldats, chœur de bourgeois, chœur de bouquetières. Le public les a fait répéter.

Je citerai au deuxième les couplets de l'abbé de cour : *La Dubarry, tu tomberas!* et d'autres couplets de la favorite : *Saute, Choiseul! saute, Praslin!* Ceux-ci plus fins et plus distingués que ceux-là. Sans vouloir faire de préférence entre eux, le parterre les a également applaudis et redemandés. Ce que je préfère, à mon tour, à ces couplets aiguisés en *fredons* (mais la situation commandait ici), c'est le divertissement des *bergers-trumeaux*, dans lequel j'ai remarqué un chœur, une valse et un menuet, tout cela tourné avec infiniment de grâce. Le compositeur a dû sacrifier à regret aux nécessités de l'exécution un quintette, celui des *Mouches*, d'un *rococo* très-réussi.

Ce que je louerai en finissant, dans le succès de musique de la *Belle Bourbonnaise*, c'est l'opéra s'acclimatant aux boulevards et y détrônant sans révolutions l'opérette.

Il était temps !   BÉNÉDICT JOUVIN.

LE TAM-TAM

Depuis le succès de la *Belle Bourbonnaise*, M. Cantin ne sort plus que nombreusement escorté. Il sait qu'on est friand de lui soulever les recettes de la soirée. Chabrillat rutile et Cœdès, l'heureux compositeur, est aux anges!

BAPAUME.

www.ingramcontent.com/pod-product-compliance
Lightning Source LLC
Chambersburg PA
CBHW061958070426
42450CB00009BB/2052